LEANE AUGE

Les épines du temps

Sommaire

Souvenirs déchus 1
La voix du silence 2
Déchirement 4
Cicatrices de l'âme 5
Folie meurtrière 7
L'illusion de la force 9
Le poids de la trahison 11
Les hurlements invisibles 13
Missive d'une âme ébranlée 15
Naufrage intérieur 18
Miroir brisé 20
Dystopie 21
Sombre errance 24
La quête de soi 25
Au rythme de mes dérives 26
Utopique amnésie 27
Chaleur délivrante 28
Peur 30

L'esprit en dérive 31
Paranoïa 33
Prison nocturne 36
Le poids d'un corps 38
Sauver ou périr 39
Silence prisonnier 42
L'abîme de l'âme 44
Jours pluvieux 46
Malheur aimé 47
Meurtre manqué 48
L'éveil d'un héros 50
Le temps de t'aimer 51
Imprévisible amour 54
Baisé enchanté 56
Eveillée par lui 57
Réveil doucereux 59
La danse de nos âmes 61
L'art de t'aimer 63
Renouveau 66
Sous un jour nouveau 67
Actrice de ma vie 68
L'amour que je me dois 69
Survivante de l'ombre 71

Accueillir mes rêves 72
Distance salvatrice 74
Danser avec les tempêtes 76
Nuit d'espoir 78
Echos d'une guerrière 79

***

À tous ceux que la vie a brisés,

À ceux qui, dans les méandres de leur âme, cherchent encore la lumière,

À ceux qui se reconstruisent, pas à pas, malgré les épreuves,

Ce recueil est pour vous.

Je vous souhaite de voir la clarté au bout du tunnel,

Et si elle semble encore lointaine,

Puissent ces mots vous guider vers un souffle de renaissance,

Un élan d'espoir pour continuer à avancer.

***

Trigger warning :
Suicide
Viol / Agression
Dépression

Les épines du temps

Souvenirs déchus

Une lumière vivace, une fenêtre, un lit, une chambre et une porte fermée.

Moi, lui.

Lui sur moi, moi sous lui.

Son poids m'étouffe, ses poignets enserrent les miens. Mon cœur bat à en sortir de ma cage thoracique.

J'ai peur, j'ai mal. Je subis les démons de son âme.

Sa main s'écrase sur ma bouche pour retenir mes cris. Tandis que, l'autre continu son chemin sur mes courbes enfantines.

Malgré mon corps qui trésaille de douleurs, il ne s'arrête pas et continu, encore et encore.

Je me retrouve dans le vide familier qui m'accueille les bras ouverts. Ce trou sombre qui m'engouffre : la souffrance.

La peur me tétanise, mais lui semble seulement s'intéresser au corps enfantin qu'il saisit sans peine.

Ce corps, cette âme, cette enfance, cette petite-fille, moi.

Les épines du temps

La voix du silence

Je vais vous parler.
De ce jeu insensé,
Remplis de simplicité manipulée.
Je vais vous parler.

De cette enfance violentée,
Où les poupées n'ont pas existé
Je vais vous parler.
De cette bouche qui,

Touchait mon corps.
Je vais vous parler.
De ses mains qui,
Prenaient mon corps.

Je vais vous parler.
De cet homme qui,
N'a cessé de me hanter.

Les épines du temps

Je vais vous parler,
Mais les mots m'ont été volés.
Je ne sais comment vous expliquer,
Mais je risque d'en parler.

Les épines du temps

Déchirement

La rage s'immisce en moi,
Je puise en elle mon souffle.
Le vaste monde s'effondre,
Et moi, je tombe avec lui.

La peur me paralyse,
Mon corps se fige, glacé.
Un regard chargé de haine,
Mais c'est elle qui me scrute.

Je prie pour lui,
Mais je pense à eux.
Je crie, je me déchire,
Et leurs cris m'assaillent.

Les épines du temps

Cicatrices de l'âme

Comment oublier l'effroi de tes doigts glacés,
Ces nuits hantées par des rêves effacés ?
Comment enfouir ces souvenirs amers,
Quand chaque nuit, ils me plongent dans l'enfer ?

J'ai tant essayé, épuisé de lutter,
Fuyant chaque seconde égarée.
Mais toujours, tu reviens, éclat de douleur,
Ravageant mon âme, noyée dans la peur.

Tes mains sur ma peau, fantômes oppressants,
Mon cœur s'épuise sous le poids du tourment.
La sueur perle, mon cri reste muet,
Ton souvenir me brise dans l'obscurité.

Je cherche la paix, un sommeil bienveillant,

Mais seul, je pleure, les larmes de moi enfant.
Fatigué d'aimer, épuisé de croire,
Pris au piège de ce passé sans espoir.

Les épines du temps

J'aimerais te dire que je suis encore là,
Que malgré tes coups, je me tiens debout, las.
Mais aujourd'hui, je survis, ombre de moi-même,
Tandis que toi, tu vis, libre sans chaînes.

Les épines du temps

Folie meurtrière

Si j'étais réellement morte, auraient-ils sombré dans la folie ?
Auraient-ils subi les torrents d'une tristesse sans fin ?

Si j'avais disparu, auraient-ils osé réagir, faire face à l'impensable ?
Auraient-ils déclenché une guerre, provoqués le chaos ?

Si j'avais succombé à la douleur, auraient-ils ressenti la nausée,
Hantés par l'idée de m'avoir su souffrir ?

Je crois que j'aurais préféré mourir, juste pour être vengée.
Je crois que j'aurais aimé que mes vérités déclenchent la guerre.

J'attendais, silencieuse, qu'enfin, on me protège,
Mais j'étais seule dans ma lutte, à combattre pour ma survie.

Ne sachant comment agir, j'ai choisi de protéger les autres,
En me sacrifiant, écorchée vive par l'amour que je leur donnais

Les épines du temps

Et pourtant, la folie n'a rien brûlé,
Le silence a englouti mes cris.
Je suis restée, brisée, mais vivante,
Sans guerre, sans vengeance, juste l'ombre de moi-même.

Aucune folie meurtrière n'est apparue.

Les épines du temps

L'illusion de la force

Écartelée par la honte, je vacille,
Le corps meurtri, l'âme éclatée,
Au-delà de la douleur qui s'instille,
Le doute ne veut plus me quitter.

Qui suis-je, si ce n'est une imposture,
À porter des cicatrices dissimulées ?
Je me sens fausse, fragile, impure,
Comme si c'était moi, qui avais fauté.

Quand je parle, ma voix tremble, hésite,
Comme si mes mots n'avaient plus le droit,
Qu'on découvrirait, dans mes plaintes dites,
Une trahison invisible, un poids.

Ils me disent "forte", mais je me sens si faible,
Je me noie dans les doutes, sans répit,
Et quand le monde autour de moi s'émerveille,
Moi, je me demande s'ils veulent de ma compagnie.

Les épines du temps

Comme un secret que je n'ai pas choisi,
Je porte le poids d'une faute fantôme.
Chaque jour, je fais semblant, la comédie,
Mais je m'efface, telles les feuilles d'automne.

Chaque élan vers la lumière m'effraie,
Comme si l'on allait voir l'illusion,
Mais ce n'est pas moi qu'ils ont blessée,
C'est cette part en moi, mon intuition.

Les épines du temps

Le poids de la trahison

Dévorée par mes secrets lourds,
J'ai choisi de briser le silence.
Écrasée sous l'ombre de mes jours,
J'ai cherché refuge, rédemption, délivrance.

On m'a tendu une main glacée,
Sans chaleur, sans âme, sans foi.
On m'a fait parler, non pour m'écouter,
Mais pour nourrir des chiffres froids.

J'ai dû livrer mes peurs à des inconnus,
Effrayée, seule, vulnérable.
Et mon secret, devenu une arme,
S'est retourné contre moi, impitoyable.

Ils m'ont traitée comme l'étrangère,
Ignorant que j'étais la victime.
Quand lui, sans une égratignure,
A fui les griffes de ce système infâme.

Les épines du temps

Depuis, je garde mes secrets enfouis,
Aussi sombres, aussi effrayants soient-ils.
Je préfère leurs ombres à cette trahison,
Que de revivre cette froide illusion.

Les épines du temps

Les hurlements invisibles

Je vais crier à m'en casser la voix
Pour toutes celles qui ne pourront pas
Terrorisées, muettes et dans le déni
Chacune d'entre elles survivent

Une quête chaque jour vers la vie
Interrompre ne serait-ce qu'un instant
Ce vacarme de souffrances
Ses milliers de pensées terrifiantes

Elles avancent au travers de ces tourments
Causé par les actes de nombreux mécréants

Je vais hurler à m'en casser la voix
Pour toutes celles qui n'oseront pas
Fatiguées, tristes et perdues
Chacune d'entre elles se sont débattus

Les épines du temps

Une quête chaque jour vers la paix
Un soupçon de bonheur, pourra-t-il
Éteindre le cri de l'âme terrifiée
Des souvenirs emplis d'atrocités

Elles avancent au travers des flots de larmes provoqués par le désir de possession de l'homme

A vous tous
Entendez comment le malheur est causé
Seulement par de la vanité

Les épines du temps

Missive d'une âme ébranlée

Monsieur X,

Je n'ai aucune compassion pour ton prénom.
A chaque fois que je te vois, tu te caches derrière tes rires et tes sourires pour dissimuler ce que tu m'as fait subir.
Je suis la seule personne à te voir tel que tu es, toi et ta vraie facette.

J'ai toujours essayé de te dire et de te faire réagir. La peur qui gonflait en moi, ne me permettait pas de blesser les personnes autour de moi, en leur avouant la vraie histoire.

Et pourtant lorsque j'avais le plus besoin d'eux, quand mon corps ainsi que mon âme étaient en danger, ils n'étaient pas là pour me sauver.

Le stress et la peur qui me rongent depuis, m'empêche de venir en face de toi et de te dire à quel point tu as gâché ma vie et que maintenant moi aussi.

Les épines du temps

Tous mes mauvais choix, je te les dois. Tous ces risques et danger qui ne font que me blesser ne sont que le reflet de ce que tu m'as affligé.

Si je le pouvais, je te tuerais. Pour tous ces torts et cette horreur ! Ton corps est rentré dans le mien ainsi que ta haine. Un jour, tu payeras et ta culpabilité ne cachera pas tes actes.

Ce jour-là, toutes ces personnes verront enfin ce que je vis chaque jour. Ce que tu m'as apporté n'est que tristesse, colère et honte, mais cela m'a aussi appris à me battre.

Tu ne mérites pas la vie, mais vu que tu es ici, je prie pour que tu souffres chaque jour de ta misérable vie !

Bien à toi,

Les épines du temps

Perdue dans ce brouillard,
Où règne un bonheur délusoire.
Je perds de vue la simplicité,
Des petits moments tant recherchés.

Les épines du temps

Naufrage intérieur

On dit que la douleur s'efface,
Mais je n'y crois pas.
Mon corps tout entier est le témoin de l'agonie,
Un écho sans fin de souffrances passées.

J'ai d'abord cru mourir, ce soir-là,
Où l'histoire se répétait,
Où le chaos, une fois encore, revenait m'engloutir,
Ne faisant de moi qu'une simple proie.

Mon corps, inconscient, dérivait,
Mon esprit nageait en eaux troubles.
La peur m'avait enchaînée, incapable de fuir,
Terrorisée je sombrais dans un coma éveillé.

Aucun geste ne m'était permis.
Je subissais encore,
Le meurtre répété de mon âme, de ma chair.
Ma mise à mort éphémère

Les épines du temps

Le visage du prédateur avait changé,
Mais la douleur restait la même.
Je savais ce qui m'attendait,
Et j'ai compris que la remontée serait un combat sans pitié.

J'avais protégé tout le monde, sauf moi.
Perdue dans un océan de pensées,
Je me laissais aller,
À ce silence sombre qui dévorait lentement mon âme.

Ils avaient réussi à m'enfermer dans une souffrance viscérale,
une torture sans fin.
Leurs crimes s'effaceront-t-ils un jour ?
Ce naufrage aura-t-il un terme ?

Tout en moi est un rappel implacable
Des répercussions de leurs actes.
Et moi, perdue dans un naufrage intérieur
Je me cherche, qui suis-je, après ça ?

Les épines du temps

Miroir brisé

Je ne me reconnais plus,
Je me sens perdue.

Je ne suis plus la même,
Mon image est terne.

J'avance à reculons,
Débordante d'affliction.

Je reste silencieuse,
La peur me creuse.

Je suis bloquée,
Déboussolée.

J'attends la fin,
Cauchemar clandestin.

Je n'existe plus,
Malheureusement vaincue.

Les épines du temps

Dystopie

Prisonnière de cette dystopie,
Je ne vois pas de sortie,
Bloquée, coincée, je suffoque,
Dans un monde où tout s'atrophie.

La douleur ne cesse d'augmenter,
Mon corps se détruit, je suis alourdie,
J'ai honte de l'image renvoyée,
De cet être que je n'ai pas choisi.

Le miroir me renvoie des souvenirs,
De mains terrifiantes et de sourires,
Impossible de me rappeler qui je suis,
Perdue dans ce labyrinthe, je frémis.

J'avance à reculons, désespérément,
Cherchant la rédemption, la fin du tourment.
Pourquoi personne n'entend mes cris muets,
Dans ce silence lourd qui me dévore lentement ?

Les épines du temps

Prête à supplier pour que tout s'arrête,
Je veux partir, même sans une boussole,
Loin de ces ombres, qui me hantent sans répit,
Des crimes subis et de l'injustice.

Mais personne ne comprend, on me rejette,
Je me sens coupable de mes maux, des autres,
Ai-je ma place ici, dans ce monde, en quête,
Ou suis-je un fantôme errant, sans faute ?

Parfois, je mens, j'enjolive la vérité,
Un mensonge savoureux qui me libère,
Puis je suis ravagée par le regret,
De devoir me cacher, de vivre en arrière.

Je me demande si la vie vaut la souffrance,
Est-ce que ma situation va évoluer ?
J'ai l'impression d'avoir déjà fait le tour,
D'un enfer intérieur où j'ai tant subi.

Les épines du temps

Je crois que je vais dormir pour passer le temps,
Mais la dystopie pourrit mes rêves, mes espoirs,
Laissant place aux agresseurs de ma réalité,
Où puis-je trouver refuge, un doux au revoir ?

Quelqu'un me sauvera-t-il un jour ?
Dans ce monde où l'obscurité me court ?

Les épines du temps

Sombre errance

Dans ce monde où l'intensité ne fait que se résorber,
Où l'amour exilé ne semble jamais régner,
Où l'innocence des jours perdus se change en amour déchus,
J'ai vécu.

La mort impatiente m'appelle dans mes errances.
Dans mon monde parallèle, je rêve d'elle,
De cette douce sensation qui me saisirait,
Me libérant de l'horreur que j'ai endurée.
J'ai vécu.

Mais sûrement pas assez, et pourtant,
L'envie d'être libérée l'emporte sur celle d'aimer.

Les épines du temps

La quête de soi

Cloîtrée dans mon lit,
Je contemple l'avenir,
Les démons de ma vie,
Peuvent-ils me détruire ?

Je cherche ma nature,
Parmi mille blessures,
Être soi semble si dur,
Dans ce monde absurde.

Je fuis la réalité,
Pour tenter de m'abriter,
Mais dans mon univers,
La vérité est lumière.

Les épines du temps

Au rythme de mes dérives

Je danse au rythme des pulsations de la musique.
Mon corps se déhanche et je m'enivre de ce qui m'entoure,
Certains regards se posent sur moi et je les savoure.

Je danse et je me sens belle, observée et enviée.
Un mélange d'excitation et de peur parcelle ma peau,
Je me sens libre sous l'emprise de l'alcool et de l'ambiance.

Je danse et je sens qu'on se rapproche de moi,
Un homme arrive et pose ses mains sur mes hanches.
Je me sens désirée et désirable.

Je danse et mon esprit dérive sur mes cauchemars.
Et si j'étais en danger, et si cet homme était un prédateur,
Je suis prise de panique et mon corps se tend.

Je danse mais mes gestes se crispent et s'arrêtent.
Je me retourne et le visage de l'homme me perturbe,
Je n'y vois plus que le reflet de mes agresseurs.

Les épines du temps

Utopique amnésie

Les souvenirs s'évaporent,
Laissant place à l'illusion,
D'une utopie ravageuse,
Rêveuse d'un passé glorieux.

Ma mémoire se brise,
Fuyant cette existence.
Tant d'errance m'ont égarée,
Je ne sais plus qui je suis.

Les murs que j'ai érigés,
On fait que mon esprit las,
A choisi d'oublier le pire,
Pour m'épargner la violence.

Alors sans rappel, j'imagine,
Une enfance tendre et douce.
Loin des ombres menaçantes,
À l'abri des tumultes humains.

Les épines du temps

Chaleur délivrante

L'eau brûlante étreint mon corps,
Et je respire sans effort.
Leurs odeurs, leurs touchers,
S'effacent, comme un songe léger.

Mes paupières se ferment enfin,
Les larmes coulent, doux venin.
Et doucement, je me libère
De cette accalmie amère.

Elle me tord les entrailles,
Déchire mes rêves, les rends vaines batailles.
Mais sous cette eau qui rougit ma peau,
Je ressens, je vis, sous ce fardeau.

Peu à peu, je renais dans la flamme,
Mon corps s'embrase sous cette lame,
Et je reviens à la réalité,
Brûlant d'une nouvelle vérité.

Les épines du temps

Ils ne sont plus là, je suis délivrée,
Mon corps m'appartient, retrouvé,
Et les fantômes, sans bruit,
S'évanouissent dans la nuit.

Les épines du temps

Peur

Elle diffuse sa folie,
Nous ronge et nous pourrit.
Elle arrive, nous fige,
Heurte nos âmes jusqu'à la crise.

Elle respire en nous,
Et nous respirons en elle.
Notre essence est défaut,
Et nos défauts, notre essence.

Nous rions d'elle,
Nous la moquons,
Mais elle est en nous,
Dévoreuse, elle nous rend fous.

Les épines du temps

L'esprit en dérive

Aujourd'hui semblait être une belle journée,
Tout se déroulait parfaitement,
Jusqu'à ce que ce déclic sournois
Vienne troubler ma sérénité.

J'ai tant espéré une journée sans peur,
Sans cette tension qui crispe mon corps,
Mais elle m'a saisie, comme à son habitude,
Sans tendresse, m'accablant de tous ses maux.

Une simple odeur, une voix, ou bien un toucher,
Et soudain, ces sensations me submergent.
Le temps n'a jamais su les apaiser,
Elles restent toujours aussi terrifiantes.

La violence avec laquelle elles effacent mon sourire
Est terrifiante, l'angoisse me transperce.
Elle surgit de nulle part, ravivant des souvenirs déchus,
Ma conscience se déconnecte, plongeant dans la confusion.

Les épines du temps

Mon esprit dérive parmi ces souvenirs,
Le lien avec la réalité s'effrite,
Je m'enfonce dans les catacombes de mes peines.
Qui me délivrera du poison de ma mémoire ?

Les épines du temps

Paranoïa

Chaque jour, tout recommence,
Je navigue dans un océan de stress,
Craignant d'être brisée à nouveau.
Le poids de l'incertitude me courbe,
Mes pensées se noient dans ce chaos.

Je marche, puis me retourne,
Fuyant cette ombre invisible qui me traque,
Un homme, peut-être, dangereux,
Malveillant, comme tant d'autres avant lui.
L'air est lourd, rempli d'une menace silencieuse.

Je monte dans le tram,
M'assois, immobile, figée,
Fuyant tout regard, tout contact.
Les visages autour de moi deviennent flous,
Ma paix se tord en frayeur électrique,
Mes pensées s'enflamment, se brisent sous la peur.

Les épines du temps

Et si tout recommençait ?
Mon esprit flotte, oscillant entre peur et panique,
La paranoïa d'un avenir sombre
Glace mon cœur, l'étouffe dans l'anesthésie.
Je me perds dans les « et si »,
Prisonnière d'un futur incertain.

Incapable de bouger, de vivre,
Dans ce monde où le danger rôde,
J'avance, mais à reculons,
De peur qu'ils surgissent derrière moi.
Le moindre bruit me fige,
Chaque ombre devient un piège.

Ce soir, je veux sortir, profiter,
Mais leur présence m'étreint, m'effraie.
Serai-je encore, une fois de plus,
La proie d'un monstre dévastateur ?
Les rires autour de moi semblent lointains,
Inaccessibles dans ma prison de peur.

Les épines du temps

J'aurais voulu rire à pleins poumons,
Mais mes rires sont prisonniers des « et si ».
Je m'efforce de respirer, de vivre,
Ces fantômes seront-ils un jour effacés ?

Les épines du temps

Prison nocturne

Ce soir, mes pensées tournent en tempête,
L'esprit en vrac, je ne peux m'assoupir.
Je revis, malgré moi, ces défaites
Qui lentement m'enivrent de soupirs.

Ce soir, sous la couette, bien trop serrée,
Les ombres reviennent hanter ma nuit.
Ma joie vacille, sur le fil, incertaine,
Quand viendra enfin l'heure de l'oubli ?

Ce soir, la douceur même m'abandonne,
Mes cicatrices, rugueuses, se tendent.
Gonflées de peine, elles s'entêtent et grondent,
Me poussant sans répit vers l'abîme.

Ce soir, la bienséance m'a quittée,
Et mes larmes, complices de mes pertes,
Coulent sur mes joues comme une tempête
La tristesse règne, sourde et secrète.

Les épines du temps

Ce soir, mes peurs s'installent, familières,
Elles brisent mes élans les plus sincères.
Ma force déserte, mes rêves s'effacent,
L'angoisse, insidieuse, ravage telle une garce.

Ce soir, la nuit m'enveloppe, froide et inquiète,
Je lui montre mes souffrances manipulatrices.
Je ferme les yeux, désireuse et défaite,
Le sommeil réveillera-t-il mon âme satisfaite ?

Les épines du temps

Le poids d'un corps

Mon corps est un poids et mon poids est un corps
Mon âme n'est que souffrance et ma souffrance n'a plus d'âme

Mon esprit, mes pensées, je cherche à les aimer
Mon corps est une corde qui peu à peu se déchire

Chaque mouvement me rappelle ses mains
Je n'arrive plus à m'observer, je ne vois que lui

M'en souviendrai-je encore demain ?
Mon avenir semble désormais maudit

Les épines du temps

Sauver ou périr

Un soir d'automne, j'ai appris,
Que d'une oppression à peine fuie,
Un autre, innocent, avait été condamné.
J'aurais péri mille fois pour l'épargner.

Ce soir-là, j'aurai donné ma vie,
Pris sa peine, souffert dix ans, s'il l'avait fallu,
Je l'aurais protégé, mais je n'ai rien vu,
Perdu dans les abîmes de ma propre agonie.

Pourtant, je savais quel monstre rodait,
Dans notre abri, silencieux et caché,
Une vipère, sournoise et calculatrice,
Veillant, guettant ses proies sans justice.

Si mon cri ce jour-là avait été entendu,
Aurait-il conservé son innocence perdue ?

J'aurais péri mille fois pour lui,
Pour le sauver, car ce sont ses rires et ses sourires
Qui ont illuminé mes combats contre l'obscurité.

Les épines du temps

Je me sens coupable d'avoir changé sa destinée,
De ne pas avoir péri pour toi, pour te libérer.

Mais je suis là, à présent,
Et je t'aiderai à t'extraire des méandres de ton âme.

Les épines du temps

Accalmie de tristesse
Me traverse et me transperce
Je dévie de ma voie
Ne sentant plus que cet énorme poids

Les épines du temps

Silence prisonnier

Je dois lui dire bonjour, me forcer,
Un contact, que je ne peux esquiver.
Je dois lui tendre le plat, me briser,
Deux contacts de trop, je ne peux respirer.

Ce silence me pèse, il n'est pas choisi,
J'aimerais fuir, sortir de l'ombre enfouie.
Je dois supporter son visage oppressant,
Sa voix, ses rires, et son odeur asphyxiants.

Après mon corps meurtri, abîmé,
Mon esprit, sans fin, sombre et s'effondre.
Le silence me ronge, lourd à porter,
Je dois endurer sa présence immonde.

Il rôde, tel un chasseur sans remords,
Guettant que je baisse ma garde, sans effort.
J'ai mal au ventre, l'angoisse m'enchaîne,
Ses rires glacés intensifient ma peine.

Les épines du temps

Aidez-moi, je vous en prie, sauvez-moi,
Libérez-moi de ce silence sournois.
Rempli de secrets noirs, invisibles,
Qui dévorent mon âme, insensibles.

Je veux briser les chaînes de cette prison,
Elle m'enserre, jusqu'à la déraison.
Ma respiration s'étouffe, se réduit,
Je me sens dépérir, presque sans vie.

Si seulement j'avais été plus égoïste,
J'aurais pu me sauver, fuir cet abysse.
Plutôt que de préserver les apparences,
Je me serais épargné tant de souffrance.

Les épines du temps

L'abîme de l'âme

Ce soir, je pleure les vestiges de mon innocence,
Face à ce corps marqué de violences.
Ce soir, je pleure ce qu'on m'a dérobé,
Et la tristesse vient me submerger.

Je vis encore, mais je le sais bien,
Qu'une part de moi ne reviendra jamais.
Figée dans le temps, dans ce moment cruel,
Où il m'a brisée, dans un silence éternel.

À chaque fois, le supplice renaissait,
Un peu plus de moi s'effaçait.
Et cette affliction, en moi grandissante,
M'emportait, me rendait défaillante.

Ce soir, je pleure cette part disparue,
Elle me terrasse, me laisse perdue.
Elle assombrit mes jours, ternit mes sourires,
Et voile mes joies, pour tous détruire.

Les épines du temps

Ce soir, sous l'eau, je laisse couler mes larmes,
Là où elles se fondent, où je rends les armes.
Je dois rester forte, malgré l'illusion,
D'une force que je feins sans conviction.

Ce soir, je libère mes ombres enfermées,
Peut-être qu'elles sauront m'apaiser.
Après ces pleurs, viendra-t-il l'apaisement,
Ce soulagement, signe de changements ?

Personne ne voit mes larmes, je me cache,
Mais mon cœur, lui, se relâche.
Qu'il s'agisse de rire ou de souffrance,
Mon âme s'égare dans le silence.

Demain encore, je verserai quelques larmes,
Car la vie, elle, sans prince s'acharne.
Pourtant je vis, malgré les tempêtes,
Bien que cette part de moi reste défaite.

Les épines du temps

Jours pluvieux

Ciel sombre, pensées immondes
Pluie incontrôlable, larmes intarissables
Tonnerre grondant, peur effrayante
Eclairs indomptables, malheur misérable

Nuages lourds, silence vautour
Eclaircies désertées, espoir désabusé
Brumes épaisses, croyances traitresses
Grêle frappante, souffrance béante

Neige étouffante, affliction collante
Tempête inépuisable, cauchemars inlassables
Atmosphère frigorifiée, dystopie amplifiée
Arc-en-ciel d'espoirs, réalité délusoire

Les épines du temps

Malheur aimé

Violentée et blessée
Comme une âme brisée
Qui ne peut se remplacer

Violentée et blessée
Comme un cœur brisé
Qui ne peut s'échanger

Violentée et blessée
Comme des os brisés
Qui ne peuvent se consolider

Violentée et blessée
Comme un malheur aimé
Qui ne peut se consumer

Mais seulement s'admirer...

Les épines du temps

Meurtre manqué

Subir
Hurlement étouffé,
L'horreur se tisse,
Assassiné par la peur,
Un souffle qui s'éclipse.

Assassiner
Yeux fermés, cœur sombre,
La joie amère d'une fin,
Que le silence se prolonge,
Quand tout s'éteint enfin.

Survivre
Éveil dans le vide,
Souvenirs en écho,
Compagnons d'un autre temps,
Dans l'ombre des maux.

Les épines du temps

Mourir
Devant les regards,
Mais loin des âmes,
Pour sauver ce qui reste,
D'une vie qui se pâme.

Honte
Culpabilité vorace,
Souffrance viscérale,
Dégoût salvateur,
D'un mal omniprésent.

Rébellion
Pleurs et cris mêlés,
Libération déchirante,
Dans le soutien qui se tisse,
La souffrance devient élan.

Aimer
Chanter à pleine voix,
Renaissance éclatante,
Redécouvrir la confiance,
Quand l'âme se réinvente.

Les épines du temps

L'éveil d'un héros

J'étais pétrifiée, sans comprendre l'enfer,
Abusée, bien avant de connaître la chair.

Seule, noyée dans la douleur et la trahison,
Je dépérissais, perdue dans l'abandon.

Puis un jour, mon héros, discret, est apparu,
Il a révélé à tous ce que j'avais vécu.

Ce jour-là, personne n'a voulu l'écouter,
Mais moi, je l'ai entendu : enfin, quelqu'un savait.

Dans l'ombre, il veillait, silencieux et fidèle,
Sa force m'a donné le courage essentiel.

Ce jour-là, mon héros est né, fier et vaillant,
Mon frère tant aimé, il m'a sauvé, triomphant.

Les épines du temps

Le temps de t'aimer

J'aurais dû mourir, j'ai survécu
Je me suis vu partir, et pourtant

Me voici ici, à bout de tout
Pleine de questions et de tiraillements

Une partie de moi est morte
Les souvenirs d'elle m'attristent

Vais-je ressentir de nouveau
L'innocence de la vie

J'aimerais sourire à pleines dents
J'aimerais ne plus ressentir la douleur

Je voudrais être moi-même sans craindre
Le retour d'une créature monstrueuse

L'amnésie est mon vœu caché
Le bonheur est mon vœu dévoilé

Les épines du temps

Oublier une bonne fois pour toutes
Leurs mains, leurs odeurs et leurs voix

Je ne demande que cela pour
Enfin avoir le temps d'aimer

Être libre de penser à mon avenir
Être libre de le construire et d'avancer

Les épines du temps

Son regard d'humanité
Inonda mon cœur tel
Une anarchie de bonheur

Les épines du temps

Imprévisible amour

Au moment où j'avais décidé
Que la solitude m'étreigne,
De m'écarter du monde agité,
Il est apparu, sans que je comprenne.

Nos mots se sont croisés doucement,
Apprenant l'autre en toute innocence.
Sur son passage, un bouleversement
Il s'est ancré dans mon existence.

Il a brisé toutes mes certitudes
Libéré mes rêves enfouis,
Il m'a écoutée dans la quiétude,
Aimant sans fin, sans compromis.

C'est dans la plus grande simplicité
Que l'amour en nous pris place,
Nos âmes se sont vite apprivoisées,
Pour que le bonheur nous enlace.

Les épines du temps

En peu de temps, j'ai trouvé mon lieu,
Un espace où je peux m'épanouir.
Il m'a appris à m'ouvrir peu à peu,
Près de lui, j'ai trouvé mon chez-moi,

Mon avenir.

Les épines du temps

Baisé enchanté

Mon cœur recouvert de lierre,
Je suis effondrée à terre.
Mais toi, prince de mon univers,
Tu m'as tirée des griffes de l'enfer.

Tu as brisé mes barrières
D'un baiser enchanté.
J'oublie mes arrière-pensées
Pour enfin t'aimer.

Agrippée à mon bien-aimé,
Je cherche à me sauver
De tous les péchés
Qui hantent mon passé.

Les épines du temps

Éveillée par lui

Quand il m'a embrassée
Quand il m'a écouté
Quand il m'a chérie
J'ai respiré

Quand il m'a cajolée
Quand il m'a protégée
Quand il m'a souri
J'ai vécu

Quand il m'a regardé
Quand il m'a vu
Quand il m'a comprise
J'ai existé

Quand il m'a sauvé
Quand il m'a admiré
Quand il m'a aimée
J'ai brillé

Les épines du temps

Quand il m'a suivie
Quand il m'a guidée
Quand il m'a encouragé
J'ai volé

Quand il m'a accepté
Quand il m'a pardonné
Quand il m'a accompagné
J'ai grandi

Les épines du temps

Réveil doucereux

Allongée à tes côtés,
Je te contemple.
Et je suis heureuse de voir
Qu'aucun visage de mes rêves
Ne saurait remplacer le tien.

Allongée à tes côtés,
Je t'observe.
Et je suis apaisée de constater
Que ton visage reste serein,
Que tes rêves continuent de t'habiter.

Allongée à tes côtés,
Je t'admire.
Et je suis émerveillée de réaliser
À quel point je t'aime,
Que notre histoire ne fait que commencer.

Les épines du temps

Allongée à tes côtés,
Je me souviens.
Un sourire éclaire mon visage
A la pensée de nos éclats de rires
Qui rythme chacune de nos journées

Allongée à tes côtés,
Je regrette.
Et je suis triste de comprendre
Que l'éternité elle-même
Ne suffirait pas à notre amour.

Allongée à tes côtés,
Je me promets,
De savourer chaque instant.
Car tu es mon refuge,
Mon havre de paix.

Les épines du temps

La danse de nos âmes

Un soleil de plomb
Et je repense à toi
Les yeux fermés
L'image de toi m'apparaît

Je me remémore lorsque
Nos chemins se sont croisés
Sur cette terrasse dans ce bar

Nous avons commencé à discuter
Sans voir les heures passées
De tout et de rien
Tu m'accaparais

Tes yeux m'ensorcelaient
Ta voix m'enchantait
Ton sourire me comblait

Nos regards communiquaient
Nos gestes s'accordaient
Nos âmes dansaient

Les épines du temps

Dans un rythme crescendo
Nous nous sommes aimés
Et depuis rien n'a changé

Je danse quand tu danses
Je ris quand tu ris
Et nos âmes dansent à l'unisson
Comme au premier jour

Les épines du temps

L'art de t'aimer

J'avais le cœur blême
Et tu as complété le théorème
Tu t'en es saisi gaiement
Au plus grand de mes contentements

Le bonheur m'a rapidement submergé
Grâce à toi j'ai appris à profiter
À découvrir et vivre comme autrefois
A m'en rendre ivre de joie

Tu m'as enseigné l'art d'aimer
Et celui de patienter
Tu as su m'apporter la sécurité
Celle-ci même qui me manquait

Sans toi mon cœur serait blême
Ma vie serait terne
Tu es le faisceau de lumière
Qui gorge mon univers

Les épines du temps

Une vie à tes côtés
Je ne pourrais m'en contenter
L'éternité semble préférable
Pour notre amour redoutable

Les épines du temps

A travers les tempêtes
J'ai appris à les dompter
Dansant sur ce renouveau
Je chasse ce chaos

Les épines du temps

Renouveau

Envie d'un départ,
Laisser les cauchemars.

Sortir du silence,
Pleurer à contresens.

Séquestrer l'avenir,
Espérer grandir.

Casser les chaînes,
Abandonner la haine.

Ouvrir son cœur,
Oublier ces agresseurs.

Trouver la paix,
Là où je marcherais.

Dévorer la vie,
À en être affaiblie.

Les épines du temps

Sous un jour nouveau

Aujourd'hui après avoir été brisés,
Après que tout ai explosé,
Nous avons fait fuir nos bourreaux.
Chacun sous un jour nouveau.

La vérité nous a tous retournées,
Mais elle a été source de liberté.
Notre famille se redécouvre lentement,
Pour s'aimer plus intensément.

Les épines du temps

Actrice de ma vie

Aujourd'hui, chaque lien a son importance,
Plus aucune relation ne m'est imposée,
Car chacune d'entre elles porte la confiance,
Un trésor que nul ne pourra briser.

Aujourd'hui, je suis actrice de ma vie,
Plus aucune violence n'aura sa place,
Chaque jour sera une utopie accomplie,
Un chemin de paix, sans heurt, sans menace.

Les ombres du passé sont loin derrière moi,
Je m'élève, guidée par mes propres choix,
L'amour-propre est mon plus fidèle allié,
Je bâtis ma route, sans jamais plier.

Demain se dessine avec plus de clarté,
Chaque instant gravé d'une douce fierté,
Mes rêves sont forts, et mon cœur en éveil,
Vers un horizon baigné de soleil.

Les épines du temps

L'amour que je me dois

Après des années à fuir mon image,
J'apprends enfin à me regarder.
Après des années à me cacher,
J'apprends à me révéler.

J'ai souffert du regard des autres,
Mais plus encore du mien sur moi.
Je me suis haïe pour ce qu'ils m'ont fait,
J'ai enfoui ma beauté dans l'ombre.

Je me suis cachée sous des habits trop larges,
Fuyant ce que mon corps représentait.
J'ai compris bien trop tard, hélas,
Que moi seule définis qui je suis.

Je suis maître de mon destin,
Je peux être qui je veux.
Classique, chic, ou bien sexy,
Sans crainte d'être enfin moi-même.

Les épines du temps

Aujourd'hui, je m'aime enfin,
Même si certains jours sont plus durs que d'autres.
Je célèbre mes défauts, et souris à mes forces,
J'accepte les louanges et ris des critiques.

Les épines du temps

Survivante de l'ombre

Je contemple les cicatrices de mon corps,
Je ressens les cicatrices de mon âme,
Et je me dis que nul combat n'est vain.

J'aurais pu sombrer,
Laisser ce brouillard me perdre à jamais,
Mais je n'ai jamais cessé de lutter.

J'ai cru ne plus avoir goût à la vie,
Ne plus vouloir danser ni chanter,
Mais ma résistance a eu raison de moi.

Inconsciemment, j'ai toujours voulu vivre.
J'ai cru m'effondrer de honte et de faiblesse,
Mais je me suis trompée, je suis une survivante.

Les épines du temps

Accueillir mes rêves

Quel bonheur de se retrouver,
Aujourd'hui, j'ai dressé des barrières,
Je me protège, je me préserve,
Je n'attends plus qu'on vienne m'aider.

Sans cesse, je combats pour moi,
Je suis mon héroïne, ma propre voix.
J'ai appris à saisir l'amour,
À étreindre la lumière du jour.

J'ai vaincu mes démons, j'avance,
Rangés au fond de ma conscience.
Sereine et heureuse, je fais le choix,
D'inspirer la vie, d'embrasser ma joie.

Je saisis chaque instant qui passe,
Je savoure l'existence, loin des menaces.
J'insuffle un nouvel élan à mon cœur,
L'amour m'a sauvée, balayant la terreur.

Les épines du temps

Je désire tant redonner cette flamme,
J'accueille les mains tendues sans drame.
Quel plaisir de rêver encore,
De me projeter et d'ouvrir un nouveau décor.

Les épines du temps

Distance salvatrice

Oppresser par les souvenirs,
La tristesse et la colère me dominent.
Les regrets et ma rancœur s'empirent,
Me ramenant aux erreurs assassines.

J'aimerais survoler cette rancœur,
Me contraindre d'oublier et d'avancer.
Mais des dangers m'ont été imposés,
Et mon enfance brisée, en plaint les acteurs.

J'aurais aimé garder mon aura enfantine,
On m'a forcée à devenir adulte trop tôt.
J'aurais aimé ne pas devenir ruine,
Vivre un tout autre scénario.

Cette pensée me heurte encore,
Je ne savoure plus les liens familiaux.
Tout est un rappel sauvage, carnivore,
De mon enfance avortée avec brio.

Les épines du temps

Mes aïeux aiment une chimère,
Celle de mes cauchemars.
J'éprouve une jalousie amère,
Face à cette trahison barbare.

Peur de ne pas être à la hauteur,
Et de mériter cet amour destitué.
J'aimerais qu'on sorte vainqueur,
De ce combat dévastateur passé.

La communication n'a plus de sens,
La sincérité est muselée de crainte,
Mon amour est ravagé de conséquences,
La distance devient une option sainte.

Je veux retrouver l'innocence,
D'un amour familial sincère.
Provoquer une renaissance,
Salvatrice et salutaire.

Les épines du temps

Danser avec les tempêtes

Le temps a laissé des ombres sur ma peau,
Des cicatrices invisibles, des silences trop lourds,
Sous les poids des nuits sans sommeil,
Et des jours où je me noyais dans mes pensées.

Mais aux creux de ses fissures, une graine a germé,
Un murmure inaudible mais transperçant,
Me rappelant que je pouvais encore respirer
Que le chaos et la détresse sont passagers.

Je me suis reconstruite, pierre par pierre,
Avec ma tristesse, mes éclats de joie volés
Et chaque rayon de lumière que je trouvais.
Dans la simplicité et l'amour.

Les intempéries ont cessé de m'effrayer,
Elles sont devenues des mélodies que je danse.
Et mon reflet brisé c'est transformer
En une force dominante et une résilience.

Les épines du temps

Je ne suis pas indemne mais je suis vivante,
Mes cicatrices sont des histoires que je porte.
Des preuves que j'ai malgré tout survécu,
Et que chaque jour, je me relève plus forte.

Je suis la preuve que l'on peut renaître,
Que des cendres peuvent surgir un phénix
Non pas épargné, mais debout.
Un cœur qui bat, qui aime et qui avance.

Les épines du temps

Nuit d'espoir

Les gouttes de pluie, dégoulinent sur ma peau
La sensation de fraîcheur me transperce

Une renaissance éclot
Je lève la tête, souris et respire

Les yeux fermés je savoure chaque sensation
La pluie, la musique, les gouttes dévalent mes cheveux

Comme un chagrin d'espoir dans une nuit tempétueuse
J'admets être heureuse d'avoir survécu

Je suis reconnaissante d'avoir été l'héroïne de mon histoire
Entouré d'amis et d'amour ! Je conscientise le moment présent

Dansant sous la pluie, mes cicatrices se soignent
La douleur s'évapore et enfin je vis

Les épines du temps

Échos d'une guerrière

À toi, jeune enfant, je te dis
Méfiance. Cache-toi, crie si l'on te trouve.

À toi, jeune enfant, je te dis
Parle, tente de te faire entendre. Protège-toi, toi d'abord,
avant les autres.

À toi, jeune enfant, je te dis
Tu n'es pas le problème. Ce que tu vis n'est pas normal.

À toi, jeune enfant, je te dis
La vie n'est pas faite pour être tourmentée par la violence.

À toi, jeune adolescente, je te dis
Tu n'es pas seule, ne l'oublies jamais.

À toi, jeune adolescente, je te dis
Tu es brisée, mais tu te relèveras.

Les épines du temps

À toi, jeune adolescente, je te dis
Ils n'ont pas gagné. Tu es encore debout.

À toi, jeune adolescente, je te dis
Continue de lutter, cours, hurle.

À toi, jeune adolescente, je te dis
Un jour viendra où tu trouveras l'amour et la paix.

À toi, jeune adulte, je te dis
Merci d'avoir lutté sans répit. Tu aperçois la ligne d'arrivée.

À toi, jeune adulte, je te dis
Sois fière d'être l'héroïne de cette histoire.

À toi, jeune adulte, je te dis
Ne laisse jamais la violence reprendre sa place.

À toi, jeune adulte, je te dis
Respire, souffle, savoure chaque instant de vie.

Les épines du temps

À toi, jeune adulte, je te dis
Continue d'être courageuse, d'autres combats t'attendent.

À toi, vieille dame, je te dis
Profite de l'armistice pour lequel tu t'es battue.

À toi, vieille dame, je te dis
J'espère que tu as mordu la vie à pleines dents.

À toi, vieille dame, je te dis
Pleure de joie, tu es sortie indemne.

À toi, vieille dame, je te dis
Tes cicatrices sont désormais les symboles de ta force.

À toi, vieille dame, je te dis
Merci. Sois fière de toi.

© 2024 Léane Augé
Édition : BoD · Books on Demand GmbH,
In de Tarpen 42, 22848 Norderstedt (Allemagne)
Impression : Libri Plureos GmbH, Friedensallee 273,
22763 Hamburg (Allemagne)
ISBN : 978-2-3225-5460-7
Dépôt légal : Décembre 2024